CALEIDOSCOPIO
POESÍAS Y POEMAS EN PROSA

Alexandra Goodwin
Everglades Publishing

Copyright © 2017 por Alexandra Goodwin

Todos los derechos reservados. Publicado por Everglades Publishing, Florida, Estados Unidos de América

ISBN-13: 978-0997667318

ISBN-10: 0997667311

LCCN: 2017904540

Diseño de cubierta: Copans Printing & Graphics Inc., Florida, USA

*A mis hijos, Glenn y Sabrina,
Por la inmensidad de su amor.*

INDICE

Agradecimiento	ix
Sobre Caleidoscopio	xi
Tierra de mis ancestros	1
1530	3
Caracoles	5
Caminante	7
Luna	9
Venganza	11
Génesis	13
A mi Dolci	15
El jardín encantado	17
La receta de mamá	19
Anochecer	21
Imaginen la emoción	23
El ruiseñor	25
Reencuentro	27
A mis amigos	29
Suspiro del acantilado	31
Orca	33
Tortolitas	37
Nunca se supo	39
Silencio	41
Recuerdos	43
Orquídea	45
Retorno	47
Clima tropical	49
Cantabas	51
Libros	53
Enciclopedia Británica	55
Imposible ignorarlas	57
Adiós	59
Lluvia	61
Amar	63
A Rossana	65
Avanza	67

Envidia	69
Llanuras	71
Esperanza	73
Duerme	75
Algún día	77
¿Dónde estás, hermana?	79
Cuanto más oscuro anochece	81
Destellos	83
Traición	85
La conquista	87
La tórtola	89
Almanaque	91
Nostalgia	93
La espera	95
Culpable	97
Cuervo	99
Recogiendo	101
Olvidándo	103
Déjalo	105
Naturaleza	107
Cuidado	109
Escapando	111
Verano	113
Ya verás	115
Carta a un delfín	117
Aterrizaje	119
Madre	121
Paisaje primaveral	123
Tormenta	125
Imágenes	127
Ironía	129
Regalo del mar	131
Calumnia	133
Madrugada	135
Shhhh	137
Piano	139
Esperanza	141
Almas gemelas	143

A mi hija	145
Fuerza, madre	147
A Oma, 21 de Septiembre, 2015	149
¿Lo sabrás?	151
Hibisco	153
Después de la tormenta	155
Niñez	157
Cajitas de música	159
La noche de la vida	161
Luna azul	163
Inmigrante, o a mi bisabuela Alejandrina	165
Soneto inspirado por Juan Ramón Jiménez	167
Cardenales	169
Consejo	171
Por qué escribo versos	173
Cumpleaños	175
Espera y verás	177
Después de la lluvia	179
A mi perrita	181
Maternidad	183
A mi tierra	185
Día del Perdón	187
A mi amor	189
Atrapada	191
Otra vez, lluvia	193
Ver nacer el día	195
Sobre la autora	197

AGRADECIMIENTO

A mi madre, por ser la voz que me apuntala, mi guía en el camino de la vida, mi luz cuando la oscuridad acecha, mi amiga incondicional. En su honor, regalo al lector un poema de su creación, Tecnología:

TECNOLOGIA
Por Gracia Garazzi de Salem

Suave, sincera, disonante
Tranquila, ronca, espeluznante
Llorona, cansada, amante
Risueña, cantarina, dominante
Amargada, concreta, susurrante
Orgullosa, simple, insinuante

Triste, satisfecha, centrada
Amable, imperiosa, asustada
Lacónica, envidiosa, atormentada
Firme, feliz, bien amada

Se disipan en forma lenta
Los matices de la voz humana
Por entre los dedos que textean
A través de la red cibernética
Silenciosa y sin pausa del mañana.

SOBRE CALEIDOSCOPIO

Las poesías y poemas en prosa que forman esta colección fueron inspirados durante momentos de reflexión y recogimiento ante los milagros que se suceden a diario a nuestro alrededor, los recuerdos que surgen del túnel del pasado y se posan en el presente, depositando en nuestro regazo el regalo de pasadas alegrías, el sabor amargo de pasadas tristezas y temores, y nuevamente esperanzas.

Escritos a través de cuatro años, siguen el orden natural de la vida que brota como un manantial de experiencias emotivas y sensoriales.

Cada palabra un susurro.
Cada página una sorpresa.
Como las intrigantes e impredecibles figuras de un caleidoscopio.

CALEIDOSCOPIO
POESÍAS Y POEMAS EN PROSA

ALEXANDRA GOODWIN

CALEIDOSCOPIO

TIERRA DE MIS ANCESTROS

Fue mi destino no habitarte.

Empujada por la injusticia
Hacia una tierra lejana,
Mis raíces sueltas
Por tu suelo santo claman.

      El que engendró leyendas,
      Sabios, tres religiones,
      Y sus creencias.

No importaron mis deseos, no.
Los tentáculos del destino
Atrapan, aprietan, engolfan
Tratando de ahogar.

Treinta años estuve lejos.
Treinta y dos a decir verdad.
Próspera, sangre joven pulsa
Detrás de tus piedras añejas
Bañando las cicatrices de las guerras
Que te tocó pelear.

No te arrepientas, me digo y
Me lo vuelvo a repetir.
Tú estás donde
Debes estar,
Aquí, en el cajón del recuerdo,
Unida al cuerpo ancestral de tus
Antepasados. Un lazo que se estira,
Como puente que une tiempo y distancias,
El océano se vuelve charco,
Los años, días.

Tierra lejana, pero vigente en mis
Silenciosas plegarias,
En las cartas al hijo que ahora te habita,

De pronto,
También llevado por su destino.

Ya es muy tarde para mí.
Pero te doy el futuro de
Mis entrañas, que como ondas de
Agua tras la piedra echada,
Se expanden, se alejan, y ahí llegan,
Adonde yo
No pude llegar.

1530

Erguida en tu orgullo
Caminas.
Del lujo las huellas
Dominas.
Sonríes, saludas,
Tu faz abanicas,
Respeto recoges
Cuando te inclinas.

Llegas, entras,
Te arrodillas
Te persignas—
        Los dedos cruzas.

Miradas esquivas,
Susurros furtivos
Ocultan la dicha
De tu único dios.

Ofreces plegaria por
Libertad de pensamiento,
Termina la parodia
Y sales al sol.
Apuras el paso,
Llegas a tu casa,
Entras en tu mundo
Envuelto en olor.
    Olor a pan trenzado,
        A sal y miel,
        A risas de niños,
            A dulce armonía.

    Olor a paz.

Olor a Shabbat.

ALEXANDRA GOODWIN

CARACOLES

Las olas arriman caracoles con sus puños de espuma blanca. Abandonados en la orilla como canastas de nácar imbuidas en la noche, los recojo. Los destellos que el sol les arranca castigan mis ojos. El caparazón me enceguece con su refulgir y esconde, sigiloso, el cavernoso silencio del mar.

Hilos de arco iris que se tejen y entretejen con la luz de las promesas envuelven con su magia la verdad encerrada en ellos. Cueva sagrada, santuario violado, ¿dónde está el caracol?

Hogar habitado por la canción del tiempo, mientras el caracol yace solo, en el fondo, y el mar se lamenta.

ALEXANDRA GOODWIN

CAMINANTE

El sol olvida su sangre en el crepúsculo, tú esperas paciente. Bajo las lentejuelas que titilan alegres su mensaje de esperanza, refulgen las aguas que tu luz tenue acaricia. Luna siniestra que adormeces al caminante, aquel solitario que se enreda descalzo en el encaje de la orilla en su paseo por la noche desolada. Luna que te dejas besar por la lluvia no llovida, por la luz del faro que derrama su lumbre sobre las mismas aguas, en círculo, como la vida misma. El caminante alza sus ojos al horizonte que se llevó a su enamorada. Una ola suave lame sus pies cansados que se hunden bajo el colchón de arena de la playa. ¿Serán las manos de su amada que se estiran desde el fondo del mar? Sus lágrimas lo acosan sin dejarlo olvidar. Luna de hielo que insistes en tu presencia. Estrellas crujientes que se clavan en su memoria.

Apura el paso el caminante. Vence la distancia sin rumbo, vence el tiempo que los minutos roban, vence la tristeza que se cuela por el frío de las olas. Corre el caminante, corre por metros y cuadras sin mirar atrás. Corre y chapotea, patea la espuma, putea y llora, y una vez rendido alza los ojos hacia la luz restauradora.

LUNA

La sangre del crepúsculo derrama tristezas. Luna de granada, tiñes de leche las sombras del ocaso. En tu regazo, flotan las constelaciones regalando esperanza como pétalos de luz.

VENGANZA

El trueno sordo del tambor anuncia los sollozos que vendrán, seguros. Firmes y desafiantes, aguijonean y carcomen, ruedan y golpean, pinchan las luces de sus ojos y sus lágrimas. Resbalarán por sus mejillas de mármol como el agua sobre piedras que el musgo abraza.

Ni la más potente valentía le servirá. Ni los triunfos de sus hazañas, ni las serpientes de su lengua, ni la sangre que palpita en la antecámara de su corazón muerto lo salvarán a él, capitán de la Flota Real, en el Nuevo Mundo. Y aunque quiera fundirse en el mar, no podrá escapar. Por invasor.

Invasores e invadidos. Todo perdido bajo la codicia desenfrenada de la corona.

GÉNESIS

Al principio era de noche.

Tímidas, se asomaron las letras, pidiendo permiso para crear.

Guiadas por la luz, se deslizaron por el rayo infinitésimo.

De a una poblaron el mundo hasta que la noche estalló en un sol de mil nombres.

Los campos florecieron, las montañas se vistieron de novia, los arroyos bostezaron, los ríos se estiraron, los lagos acunaron vida, y los océanos enmascararon continentes. Las palabras nombraron bosques, identificaron orquídeas, crearon lunas, consolaron heridas e hirieron sin compasión; educaron; ignoraron; amaron al prójimo y también lo odiaron. Así llenaron el mar con el dolor del engaño y la euforia del amor.

Mares que se hinchan como monstruos agigantados por las olas de la incomprensión, la violencia y la venganza. Después del tsunami, quedan las palabras que consuelan, apoyan, aman, y regeneran así el mundo que casi deja de existir.

ALEXANDRA GOODWIN

A MI DOLCI

Trozos de silencio se clavan en el crepúsculo de tus días. Como cristales líquidos, se dibuja en tus ojos la perpleja desazón. Ese abrir y cerrar de mis labios, esas muecas incomprensibles de mi boca, ese vaivén de manos y gestos ciegos, se convierten en fantasmas invisibles que el tiempo mece en la crueldad de lo inevitable. Y cuando el recuerdo de tus días empapados de estrellas sonoras embalsame tu ocaso como un mundo plagado de pétalos marchitos, esperarás que vuelvan las perlas que una vez adornaron tus oídos. Recordarás a Beethoven, maestro y compañero de tus días, y llorarás al mundo del pentagrama que la vejez te robó en la noche más helada de tu invierno.

Ni de música sabrás otra vez, ni de relatos, ni de las caricias aterciopeladas de mi voz. Te sentarás a esperar, como una madre a su soldado muerto. Esperarás ansiosa que la vida te devuelva el paisaje cristalino de los ríos y los pinares tocando el arpa con sus agujas matutinas. Soñarás con la sinfonía del universo, himno armonioso que penetra en el alma, y que sólo percibirás a través del puerto seguro de mi amor.

EL JARDÍN ENCANTADO

Se quejaba del pasto muerto, seca
La tierra yerma.
Soy viejo, decía, el cuerpo no
Me da para arrancar yuyos.

    Mi tío, el de la higuera
    Frondosa, cargada
    De fruta, que ofrece
    Con amor a su esposa.

Se disculpa mientras señala con el dedo
Un rosal inexistente.
Y aquí, dice con tristeza, hubo una vez
Una azalea
Que inflamaba al cielo
Con fuegos artificiales.

Qué va, se lamenta meneando la cabeza.
La vejentud, querida.

Volví a casa abrumada
Por la tristeza.
El vigor de su juventud
Desvaneciéndose
Sin merced ni sutileza.

Y como siempre que necesito un respiro
De los golpes que da la vida,
Mis dedos sabios se posaron
Directo en su libro de rimas.

    El que tiene las flores
    Que mi tío tanto ama
    Poemas que endulzan, cantan

Y florecen en el alma.

Quise salir corriendo y decirle:
¡Tío, aquí está!
¡Aquí está tu jardín encantado!
Pero mi tío está lejos, muy lejos,
Aunque quién sabe, tal vez
Me escucha.

LA RECETA DE MAMÁ

Le puse manteca,
Tomate y pimentón,
De acuerdo a la receta
Que un día Mami me dio.

Mezclé después la carne
Con mano y corazón,
Formé con ella albóndigas
En forma de botón.

Y al fin estaban listas
Para en el horno poner.
A fuego muy bajito
Esperé, eso sí fue menester.

Al salir humito blanco
Y olor a sazón
Las saqué de la asadera
Y las pinché con tenedor.

A la boca un gran bocado
Metí con gran ardor
Pensando: "¿Será que pude
Duplicar el sabor?"

Pero la comida de mi madre

Tiene ese resplandor
De un ingrediente único:
Su inigualable amor.

ANOCHECER

Se desliza la tarde mansa
En un velo de otoño en ámbar,
Pinceladas de azúcar grana
Embellecen la luz lejana.

A través de la acuarela
Una alondra vuela al nido,
Acrobacias con sonido
En sus plumas de canela.

Binomios de astros celestes
Titilan en la noche,
Adornan con un broche
Que en brillantina se desvanece.

Dulce noche de esperanza,
Tierna en su melancolía,
Roces de luz y de sangría
Marcan el paso de su danza.

IMAGINEN LA EMOCIÓN

Imaginen la emoción
Que habrá sentido en su corazón
Al vislumbrar la bella tierra
Cuya existencia siempre presintió.

Entre el cielo y millas blancas
De agua azul y espuma
Surge el promontorio
Al nacer el día, y morir la luna.

Ríe y sonríe a su fiel tripulación,
Salta, baila, y grita, Cristóbal Colón.
Ya pronto bendice el día
En que atrevido, a la mar se lanzó.

A medida que se acercan
Su corazón palpita fuerte.
Preguntas, dudas, saltan
Como burbujas de agua hirviente.

Lo que menos se imagina
Es que la tierra está habitada;
Alguien le ganó de mano
Al descubrimiento esta madrugada.

¿Quién hubiera adivinado
La existencia de otra gente
Que llevó música en sus labios,
Y de sol vistió su mente?

Recordando las instrucciones
De la cruel Reina Isabel
Toma bandera y asta
Reconstruyendo a Babel.

Y así es como reclama
Para el trono su posesión,
Pintando de rojo la historia
Sin imaginar lo que desató.

Ay, humanidad!
                                          O falta de
ella...
¿Por qué no compartimos,
Respetamos, retrocedimos?

Los masacrados reyes del sol
Ríen desde sus negras tumbas
Y a través de las estrellas
Escupen nuestras calumnias.

EL RUISEÑOR

Al resguardo de mi ventana
Hay un nido de ruiseñor.
La pájara alberga el futuro
De una familia sin temor.

Canta el ave, sueña,
Dios sabe de su emoción
Mientras la iguana callada espera
Paciente en su abstención.

Traigo semillas de lino,
Las esparzo en el jardín
La iguana, de momento distraída
Cambia caza por festín.

Hambrienta la pajarita vuela
En busca de girasol
Confiada que la iguana en su espera
Haya olvidado su traición.

Picotea y picotea, abrazada
Por el sol
Sus rayos marcan el descenso
Hacia una noche de aflicción.

Vuela la pájara, vuela

Alertada por un clamor
Teme con puro instinto
Y la embarga un gran terror.

De repente en el crepúsculo
Un gemido desgarrador.
Cosas de la Naturaleza,
Una madre y su dolor.

REENCUENTRO
A Judith Roth

Navegamos por la infancia
Trenzando lazos de ternura
Aunque solo éramos amigas
Nos unió una alianza de familia.

Al océano insondable
Se agregó el silencio de los años
Y después de cuarenta veranos
Nos volvimos a encontrar.

¡Qué amistad la nuestra!
¡Qué recuerdos venerables!
Lealtad, amor, y cofradía
Resucitan en lo inefable.

A MIS AMIGOS

Quiero enhebrar de alegrías
El recuerdo de nuestra infancia
Cuando tejíamos collares con sonrisas
Y nos envolvíamos en su inocente fragancia.

Quiero resucitar pasados,
Vivir presentes, y anhelar futuros
Guardar en mi memoria la magia
De nuestra hermosa amistad.

Quiero decirles, amigos,
Cuánto los quiero en esta vida
Y en la otra, la que no se olvida,
La que nos llenó de felicidad.

SUSPIRO DEL ACANTILADO

El acantilado se eleva
Como el cuerpo de un gigante
Centinela no menguante
Por los marineros vela.

Se encrespan las blancas olas
Contra el muro de piedra oscura
Insisten en su bravura
Y la horadan gota a gota.

Cuántos soles se habrán esfumado
En el misterio de la bruma
Y en el encaje de aquella espuma
Deja su voz la luna.

ORCA

Nave mamífera
De leche y carbón,
Yacía sobre una roca
Atrapada en su triste canción.

Su lomo de cuero liso
Con cada respiración
Subía y bajaba lento
Bajo el gélido rayo del sol.

Gemía desde su abierta celda,
Lloraba su triste canción
Su lamento desgarraba
Las fibras del más duro corazón.

Trataban violentas las olas
De voltearla hacia el mar.
Golpeaban con furia loca
Sin poderla desatrancar.

De tanto en tanto llegaban
Esporádicas semillas
Gotas que a la orca daban
La esperanza que no se moriría.

Mientras tanto, la orca
Lloraba,

Se secaba,
Gemía.

Un pescador piadoso
Desde la distancia la vio.
Por radio pidió refuerzos
Y a su rescate se dedicó.

Ya cuando la orca abandonaba
La lucha por su salvación
Un grupo de guardacostas
Mientras llovía apareció.

Gota a gota empaparon
El cuero seco del animal
Mientras lisas resbalaban
De vuelta hacia el mar

Muy quieta la orca yacía
Con sus ojos bien abiertos
Y a través de un leve movimiento
Alguien sospechó que vivía.

Los gritos de alegría
Ante la inminente posibilidad
Dieron a la orca vida,
Y la insuflaron con su piedad.

De repente, un aleteo, un

CALEIDOSCOPIO

Coletazo sin igual
Con fuerza implacable
La orca pareció silbar.

Ese mismo impacto,
Más bríos le dio
A la orca moribunda
Que al mar se deslizó.

Entre todo el alboroto
Y los gritos de alegría
Llenaron de nueva vida
A la orca aquel hermoso día.

Coleteando se alejaba
Una mancha de carbón
Y mostrando un lomo de leche
Con su aleta les agradeció.

TORTOLITAS

Vuelan las tortolitas
Perforando el mar celestial
Trapecistas en los vientos
Con sus plumas de cristal.

Trinan las tortolitas
Al llegar al jacarandá
Adornan de lavanda su nido
Como si fuera un ajuar.

Duermen las tortolitas
En el árbol verde mar
Arrulladas por el susurro
De una noche llena de paz.

NUNCA SE SUPO

Se marchitan los recuerdos
En la neblina del pasado
    La nieve
Derrite el futuro incierto.

Voces desfilan por el
Túnel del secreto, un pasillo
    Se retuerce
Como el esófago de un río.

Apoyada en su bastón
Abre con cuidado el cofre.
    Tiemblan sus
Manos, saca la carta.

        Con tinta de noche diáfana
        Le cantaba en sonetos
        Los secretos de su alma.

Entonces recuerda
El calor de aquellos días
Fugaces, como la cola
Del cometa.

Cierra los ojos, sus labios
Se curvan al evocar.
La paz la envuelve suave
En su manto de esplendor.

Y se entrega dichosa
A los brazos de su amor
Unidos para siempre
En la eternidad de su corazón.

SILENCIO

Palabras.
Gajos de silencio perdidos
En el recuerdo de tus días.

Preguntas,
Con tus ojos de lluvia
Recién caída.

Perpleja,
Te sientas a esperar.

Y esperas,
Lo que nunca llega.
Palabras que nunca llegarán.

RECUERDOS

Solos se escriben los poemas
Con la tinta indeleble del dolor
Pergaminos amargos de la noche
Hurgan con su aliento ensordecedor.

Enciérralos como a perros rabiosos
En el baúl de la precoz inocencia
Deja que giman eternos
En el mar de tu vivencia.

Ya sabrás tejer guirnaldas
Y convertir en alegría
Tu dolor.

ORQUÍDEA

Aire rubio de otoño respira en la noche
Respira de mañana, y en las tardes
Huele tu agua suspendida
Bebe sediento en el alba.

Capullos de oro y granada
Terciopelo blanco resguarda
Pétalos de gloria y filigrana
Reinas del jardín de los milagros.

Por sus tallos marchan ordenadas
Diminutas hormigas de azúcar,
Y después que la polilla fecunda
Vuelven a su nido embriagadas.

Despierta la reina orquídea
Despliega sus lenguas de fuego
Con vaho repentino impregna
De magia al mundo adormecido.

RETORNO

Guardo en mi corazón
El puñal de tu huida.

Guardo en mi piel
El rojo de tu caricia.

Guardo en mi garganta
El hedor de tu violencia.

Y en mis oídos guardo
El terror de tu retorno.

ALEXANDRA GOODWIN

CLIMA TROPICAL

Hoy amaneció gris. El sol, exhausto por la fiebre del día anterior, duerme dentro de las nubes. En la cocina, hierve la leche. Un velo dulzón empaña la ventana por donde vislumbro las frondas caídas de las palmeras. Ayer fue el viento. Hoy se descansa. Pían los cardenales. Rompen la ausencia monótona de la brisa con su vuelo rojo contra el gris monótono del día.

CANTABAS

A mi abuelita Raquel

Cantabas.

Tu voz rozaba el ritmo
Que tus pies marcaban
El vals que en tres tiempos
Con tu príncipe imaginario bailabas.

Cantabas,
Mientras tu voz trepaba
Por encima de tus lágrimas
Tupidas se ahogaban
En la zozobra de tu soledad.

Cantabas,
Mientras convertías
Tu dolor en melodías
Cuando tus penas pintaban
Tu dulce canción.

Cantabas.

Para no llorar.

Para no perderte.

Para seguir viviendo.

ALEXANDRA GOODWIN

LIBROS

Hojas de menta
Despiden la magia
Que corre por su sangre negra.

Se impregnan de historia mis poros
A través de cuento y poema
Tinta nocturna obsequia
Sueños más allá de la frontera.

¿Qué haría sin libros?
¿Sin cuentos de hadas, sin novelas,
Sin poemas que crean sueños,
Duendes y alas?

Y en las noches iluminadas
Cuando compite la luna
Con el hada enmascarada,
Brotes de miel llenan mi
Boca, cuentos que fluyen
Del Universo al alma.

ENCICLOPEDIA BRITÁNICA

Duermes en tu estante
En el polvo del olvido
Espera tu sabiduría
Bajo la luz fría de la computadora.

Ojos ávidos se extasiaron
Con tu tinta alguna vez
Tus palabras se enroscaban
Como filigrana en el papel.

Bella durmiente en el cambio,
¿Quién te volverá a traer?

ALEXANDRA GOODWIN

IMPOSIBLE IGNORARLAS

Leo, y me transporto
A Marruecos,
Mi corazón palpitando
Bajo la urgencia de los capítulos.

    Me distraigo y miro la maceta.
    Contestan. ¿Cómo saben
    Lo que siento en este momento?
    Respiro el dulce néctar
    Contenido entre sus pétalos.

    Así debe haber olido el Paraíso.

Vuelvo a mi libro. Me concentro.
Sonrío cuando el personaje,
Encuentra paz
Después de lágrimas.

    Me envuelven con su presencia
    Que a gritos vuelve música
    Su silencio.
    Gotas de miel que a perlas
    Transparentes en sus tallos
    Se asemejan.

        Esa dulzura que me hechiza.

Esa presencia estridente
Como el púrpura de sus mejillas.

Imposible ignorarlas.
Más que un libro, una caricia, una sonrisa,
A mí me llenan mis orquídeas.

ADIÓS

Llena de colores se fue.

Con su boca
De mermelada,
Sus ojos de canela,
Su pelo adornado en lluvia,
Su piel de uvas blancas.

Habitó el sonoro
Mundo
Habló en difusas
Fusas
Silencios regaló
A los violines
Y en el arco iris
Danzó.

Áureas
Sus cristalinas huellas
Rozaron
El borde que se hundía
En el viento cincelado
De su voz.

LLUVIA

Dulce melodía,
Selva musical
Caen desde el cielo
Luces de cristal.

Cortina de agua fresca
Lava heridas en el temporal,
Como hojas mecidas al viento
Pintan con agua un mural.

Lluvia que purificas,
Que regalas tu sensibilidad
De gris engalanas al día
Y lo refrescas con tu sensualidad.

AMAR

A mi esposo

Amar con todo el cuerpo
Amar sin vislumbrar el fin
Amar es hilvanar sueños
Y enfundar con ellos el corazón.

Amar es beberte con mis poros,
Respirarte con erizada piel,
Es escucharte con sangre y ojos,
Y besar tu alma en el invierno de la hiel.

Beber el aliento de tu boca
Soñar tus futuros sin dolor
Pelear tus luchas,
Apuntalarte erguido
Pintar tus esperanzas con luz.

Vibrar, reír, llorar, sentir
Fingir, sufrir,
Cantar feliz.

Eso, para mí,
Es amar.

A ROSSANA

Celebro.
Aquel momento—
        Ese punto en el tiempo—
Esa minúscula chispa
De oportunidad.

Celebro el día—
        El mes y la hora—
Cuando tu camino me trajo
Tu amistad.

Celebro el timbre de tu voz, la
Caricia de tus palabras
Tus ojos que ven y callan,
Tu luz que apaga mi angustia.

Celebro tu vida, tu oír, tu consuelo.
Celebro tu amistad.

Celebro a ti.

Celebro.

AVANZA

Avanza
Fuerte y valeroso
A través del
Laberinto del dolor
No quieras
Descifrar razones
Cuando el alacrán
Destile
Su mortal licor.

ENVIDIA

Pinta de oscuros olores
El aura que te rodea
No soporta que feliz seas
Ni que coseches tu labor,
La envidia.

LLANURAS

Llanuras de potasio
Potros en luna
Llamas de fuego
Frondosa esperanza.

Juegas
Con mi corazón.

Ríes
De mi devoción.

Ignoras
Mi canción.

Y llorarás
Peces muertos,
Burbujas de licor,
Cuando me busques
Y ya no esté.

ESPERANZA

Súbita esperanza
La mía
Y si solo escucharas al viento
Con su dulce melodía
De amor infinito
Te remontarías en el vuelo
Bendito
De los que sofocan
La amargura
Del tiempo.

DUERME

Duerme mansa con la luna
El crepúsculo que se vuelve noche
Despliega amplias e infinitas
Tus alas a la vida que te espera.

Cántale zambas a la tristeza
Teje con corcheas tu sonrisa
Cúbrete de sinfonías
Cura de tu alma la fiereza.

Envuelve tus días en perfume
De paz, calma, y dicha
Siente cómo vences la agonía
Cuando siembras luz en vez de noche.

ALGÚN DÍA

Algún día lo verás.
Correrás el velo de tu ira
Y querrás volver atrás.

Pero no podrás.

El tiempo guarda tu castigo
En los pañuelos
Diminutos de los días.

¿DÓNDE ESTÁS, HERMANA?

Tu silencio huele
A pared.
Ladrillos de hielo
Se erigen entre nuestra
Niñez y hoy.
¿Quién manchó de odio
Tu horizonte?
¿Quién cortó el lazo
De nuestra hermandad?
Descarga tu culpa sobre el
Teclado del resentimiento,
La vergüenza no te avenga
Cuando te des cuenta.
Tu camino
Cegado de mentiras
Ahorca el amor que entre nosotras
Una vez existió
La mala lengua deshizo lo que
Una vida construyó.

¡Calumnias!

Cosecha
Triste de hoy.

CUANTO MÁS OSCURO ANOCHECE

Tiembla la tarde,
Ruge la noche
Florece renovada
La mañana.

ALEXANDRA GOODWIN

DESTELLOS

Selva de ojos velan por
La noche, embrujan
De misterio la quietud de
Su fulgor.
Chispean suspendidos,
Despiertan los bosques
Incendian de oro
Con su resplandor.

TRAICIÓN

Tarde de lluvia
Almibarada
Grises los cabellos
Cristalinos
Lloras la malicia
De la envidia
Vistes de rencor
La injusticia.

Invasión de tormentas
Terrenales
Fuegos de odio
Y de codicia
Sueltas tu lengua
Movediza
Y cubres de amuletos
Tu avaricia.

LA CONQUISTA

Sale la nave

Del puerto

Crece su esperanza

En tierra nueva

Intrépidos marineros

Se convierten

En portadores

De una gran injusticia.

LA TÓRTOLA

Viajaba la tortolita
Al nido
Volaba cruzando
El viento
Posóse inquieta
En el cerco
La lumbre mortecina
En el cerezo.

ALEXANDRA GOODWIN

ALMANAQUE

Ruedan como pétalos de rosa
Hojas de almanaque viejo
Roídos por los dientes del pasado
Siembran el monte del olvido.

NOSTALGIA

El pasado muerde la memoria
Despierta el pergamino
De las voces que escucho
A través de cien sentidos.

Nostalgia... esa amiga
Que devuelve los placeres
De la infancia,
De las amistades verdaderas.

Un velo que se abre
En el camino del tiempo
Envuelto en la neblina
Del recuerdo.

Una brisa que devuelve
La caricia de lo que importaba,
Cuando los jazmines florecían
Y de alegría poblaban.

LA ESPERA

Me agota esperarte,
Esa espera que se alarga
En la bruma humedecida
De mi conciencia.

Ese ir y venir,
De dudas, la incertidumbre
Y espera infinita
Cabellos de oro tornados plata
Surcos vencidos por los años.

CULPABLE

Lienzo de orfebre negro
Plasma tu culpa enrevesada
Corta la dulzura en nuevas horas
Carga de alquitrán sobre
La empinada.

Corteza de rencor recubre
El odio que se alberga
En tu sonrisa falsa
Años de engaños y tajadas
Que hurgan mi orgullo
Desesperado.

¿Quién te ha quitado la vergüenza
De ver despojados a los
Que te aman?

Como un río enlodado
De tormenta
Te dejaste llevar como manada.

CUERVO

Sueños verdes de añoranza
Filtran el calor de tu presencia
Muerden los vientos del olvido
Cubriendo de polvo tus caricias.

Vuelves en gasas oscuras
Como el ángel de la muerte
Corrupta la melodía de
Mi armonía, se desata
La tristeza del recuerdo.

Vuelas como un cuervo en el arado
Envidiando la perfección del que
La habita.
Posas tus garras en la cuerda
El poste en el cual meditas.

RECOGIENDO

Hoy recojo silencios
Del manantial que fue tu boca
Esa triste siesta oscura
Cuando cantabas la locura de tu amor.

Hoy recojo huellas
De aquel camino mágico
Tanteando gateo ciega
Por el sendero de lo trágico.

Hoy recojo pétalos
Que deshojaron tus manos,
Llanto seco de cenizas
Ensombrecen su fulgor.

Hoy recojo labios que
Besaron el suelo en que caminas
Devuelvo a la golondrina
La libertad de su peregrinar.

Hoy... hoy recojo
Cantos, sueños, vidas, y promesas
Y las arrojo hacia el infinito
Como una lluvia de azahar.

OLVIDANDO

Tenue es la luz del pasado
Se esfuman los recuerdos
Como espuma de mar
Brotan de mi reposo
Como burbujas de oro
Las sigo ansiosa y toco
Pero desaparecen al azar.

ALEXANDRA GOODWIN

DEJALO

No te vuelvas presa
De pasados sufrimientos.
Déjalos como cantos rodar
En el camino del regreso.

NATURALEZA

Si las flores fueran campanas
Cantaría el polen al viento
Bailarían las mariposas
Bajo un nuevo cielo.

Vuelven las golondrinas
Cruzando el cielo abierto
Reinas de las pajaritas
Anidan en mi jardín.

Copos de hortensias rojas
Relumbran en la maceta
Se posan las mariposas
Y de néctar se embriagan ansiosas.

CUIDADO

Desborda el ondulante río
Avanza hacia la orilla negra
Densa la selva espera
Como víbora de cascabel.

ESCAPANDO

Crines salvajes
Galopan en el viento
Huyen del desierto
Con sus sedosas cabelleras.

Liebres atraviesan
Campos y montañas,
Y la tortuga sigue
Pasito
A
Paso
Con calma.

VERANO

Jazmín de coplas
Blancas
Rocío de esperanzas sueltas
Desplegando sus alas rojas
Canta el ruiseñor.

Ramas embrujadas
De limones y naranjas,
Vierte su néctar dulce
En los frutos de limón.

Brisas perfumadas,
Geranios insolados,
Abejas revoloteando
Bebe el colibrí.

Sombras sobre el pasto,
Fantasmas descansando,
Canturrea la cristalina fuente
Vertiendo su cascada al sol.

YA VERÁS

Y cuando te remontes
Al jardín de los perdones,
Cuando desbordada en su paz
Vuelvas a despertar,
Verás que todo lo que has llorado
Como rocío sobre semillas
Fertilizó la exhuberancia
En la hermosura de amar.

CARTA A UN DELFÍN

Lomo de plata
Se asoma en la duna
De aquella laguna
Prisión ilegal.

Nadando das vueltas
Te asomas, te escondes
Y giras sobre tu espalda
Buscando tu libertad.

¿Cuál fue tu pecado,
Pregunto azorada,
Que merezca tu encierro
En la red de la humanidad?

Quisiera entregarme
A tu merecido rescate
Asirme de tu aleta
Guiándote al mar
Cortando las sogas
De tu injusto predio
Y ahogar los sueños
De quien robó tu libertad.

ATERRIZAJE

Luces titilan, naranjas
Y rojas, construyen caminos
Para aterrizar.

No duerme la noche
Se queda estampada
Lluvia de brillantina
Polvo de hada.

Se agrandan las luces
Convierten el negro
En un caleidoscopio
De bullicio en la ciudad.

Hemos aterrizado
Vuelven los olores
De nafta y río sucio
De asado y suciedad

Zumba el aire negro
A través de los aplausos,
Los viajeros que celebran
Su retorno a la potestad.

MADRE

Súbitas corazas
Te envuelven
En la noche
Te protegen y cobijan
Del hielo de
La maldición.

Vuelves tu cara
Al cielo
Ruegas por
Entendimiento
Pides que la perdonen
A pesar de
Su traición.

Surgen de tus
Dolores
Gotas fertilizantes
Que devuelven
A tu alma
Ese incondicional amor.

PAISAJE PRIMAVERAL

Y así transcurren veranos
En medio de tormentas
Dentro de las campanillas
Duermen los dedos del sol.
Beben los petirrojos,
También el martín pescador
Sueltan al viento añejo
Su encanto multicolor.

TORMENTA

Trepan los rugidos
Como enredaderas
En la noche.

Aúllan. Se mecen.
Asustan. Salpican de sombras
La luna.

Se adueñan de la noche
Hasta que pierden
Su voz.

El día los atrapa
No hay más viento,
Solo ramas caídas
Flores deshojadas.

Renovación, esperanza
Sobrevive
A la tormenta.

IMÁGENES

Licor de luz
Me enceguece.
Traspaso las arterias
Del silencio
Muerdo mi duda
Tejo ilusiones
Llueven estrellas
Duerme la luna.

IRONÍA

CIEN PIES TIENE EL GUSANO
PERO IGUAL
SE ARRASTRA.

REGALO DEL MAR

El mar me regala
Recuerdos de dicha
Tormentas veraniegas
Espumas en flor.

El mar me devuelve
La bella ternura
De aquella infancia pura
Tan llena de amor.

El mar me adula
En el lenguaje de sus olas
Me mece ondulante
Y esconde su furor.

El mar me llena,
El mar me atrapa,
El mar me invita
Me atrevo a soñar.

El mar me bebe,
Y me cobija
Después me ensortija
Y me vuelve a arrullar.

CALUMNIA

Quise borrar la mancha
De tu mentira injusta
La indigna puñalada
Que destruyó nuestra hermandad.

Quise borrar de un soplo
Las injurias inventadas
Revivir apaciguada
Previos momentos de paz.

Quise borrar las horas,
Los días, las semanas
Y quedarme arrebujada
En súbita piedad.

Quise borrar, quise olvidar
Quise que nunca hubiese
Pasado lo que pasó.

Pero en cambio
La calumnia se agrandó
Y se convirtió en traición.
Las injurias rasgaron
El tapiz de nuestra relación
Y en medio de todo este dolor
El tiempo de mí se apiadó
Inexorable me llevó
Por el camino de la sanación.
Recordar tu perfidia
Siempre quedará en un oscuro cajón.

MADRUGADA

La luna se hamaca
Por encima de la laguna
De plata tiñe el agua
Donde duerme el delfín.

Meditan las medusas
Fosforescentes pensamientos
Bajo su manto de acero
Brillan.

Lame la espuma
La roca del foro.

Pupilas de ámbar
Titilan en el cielo
Vigilan que del horizonte
Nazca el sol de nuevo.

SHHHH

Susurros.
Lenguas de brisa
Caliente
Emanan de tu boca
Dulce.
Caricias para el alma
Inquieta,
Consuelo de ruiseñor.

ALEXANDRA GOODWIN

PIANO

El piano dicta
La lección de la semana
Las teclas danzan
Escapándose por la ventana.

El piano repica como
Si fuera una campana
Los dedos como soldados
Marchan en ascendente escala.

El piano canta,
En altibajos, sopranos, y tenores
Mientras manos de genio se deslizan
En cascada sonora de colores.

ALEXANDRA GOODWIN

ESPERANZA

Destellos escondidos
Habitan tu cueva,
Derraman, secretos,
Sus iluminadas huellas.

Luces que reflejan
Murmullos de madrugada,
Tímidas se asoman
En la noche de la muerte.

Luna y estrellas
Amamantan tristezas
Pezones de malezas
Arrancadas de raíz.

ALMAS GEMELAS

De la mano iremos
Por la ruta del destino
Unidos como golondrinas
En vuelo magistral.
Partes de una misma esfera,
Moléculas de amor,
Compañeros en la vida
Y en la muerte,
Santa unión.

A MI HIJA

Si yo pudiera
Plantar un camino
De lirios y orquídeas
Bien lleno de sol;

Quitar las espinas,
Limpiar los escombros,
Allanar las piedras,
Reemplazarlas con amor;

Regar de certeza
El rincón del futuro,
Bañar de esperanza
Los momentos duros,

Lo haría,
Hija mía.

FUERZA, MADRE

Recogerás sonrisas
Cuando el camino
Allanes, y las espinas
De la traición descartes,
Y las piedras que obstruyen
Tu paso y tu avance
Sean como polvo
Echado al azar.

Sembrarás alegrías
Cuando fuerte te alejes
De los que odian;
Cuando firme te afiances
En tu creer;
Cuando no te importe
Caminar sola porque
Lo que importa es
Recorrer el camino
Sembrado en verdades
Y echar las mitades
Al fondo del mar.

A OMA, SEPTIEMBRE 21, 2015

Así se fue...
Como una mariposa
Aleteando sus colores,
El néctar en su boca
Que le robó a las azucenas,
En el jardín
Encantado de su vida.

Así se fue...
Con plumas de jilguero
Que se extienden
Abrazando cielos,
Rozando nubes,
Besando estrellas.

Así se fue...
La abuela,
La madre,
La esposa bella
La que fue y será recuerdo
Llenando de soles
Los recovecos del invierno.

¿LO SABRÁS?

Cuando la palabra sea
Balsa que te lleve de orilla
A orilla, cruzarás el vasto río
En la bruma del atardecer.

Contarás tus secretos al ala
De los vientos, y mecidos en su
Danza, los recogeré.

Te escribiré poemas, cantos, y
Alabanzas. Los esparciré
Como pétalos besando el suelo.

Sabrás entonces lo que pienso,
Sabrás tal vez lo que siento,
Pero nunca sabrás, lo sé,
Cómo me morí fingiendo.

GLOSSARY

HIBISCO

Beben sedientas la lluvia
Que empapa la brisa nocturna
Néctar cristalino del cielo
Nutre de vida el suelo.

Amanece un día nuevo
En su despliegue glorioso,
Volados de ondulante fuego,
Exuberantes pétalos rojos.

Celebra el ruiseñor en la rama
Con sonora liturgia,
Se viste el jardín de gala
Después de la transparente lluvia.

DESPUÉS DE LA TORMENTA

Después de la tormenta
Que arrasó desencadenada
Queda cansado el silencio
Escurriéndose por las ramas.

Se asoman los petirrojos
Detrás de las copas mojadas
Se mecen en los brazos quebrados
Del roble que los anidaba.

Sueltan vivaces y regalan
Al mundo su canción peregrina
Traduce el viento en rima
Melodía y amor por la vida.

NIÑEZ

Giraba la calesita
Con destellos de colores
Saltaban las notas dulces
Como luces en los corazones.

Subían los caballitos
Y volvían a bajar
Como escuelas de delfines
Atravesando el manso mar.

El señor de la sortija
Estiraba su brazo abierto
Y sonreía deleitado
Cuando ganábamos el premio.

¡Qué días puros aquellos cuando
La inocencia nos envolvía,
Y en nuestros rostros se dibujaba
La plenitud de aquellos días!

CAJITAS DE MÚSICA

Cajas sonoras guardan
Silenciosos pergaminos
Cuenta la tinta negra
Verso en rima sobre dulce letra.

La música retumba suelta
Con hilvanados acentos
Bailan alegres los sueños
Enlazados entre espejos.

Perlas en parajes de nácar
Donde la lluvia tímida se acerca
Cantan en resplandor de arena
El milagro de su refinamiento.

LA NOCHE DE LA VIDA

La noche se vuelve mansa
Como un río lleno de miel
Se adormecen canto y palabra
En el ritmo de su vaivén.

La noche espera paciente
Que la luna muestre su tez
Las estrellas con su brillo
Guían y alumbran sin altivez.

Luces que encienden senderos
Donde paseamos una vez
Cuando la juventud se galardonaba
En primaveras color de nuez.

Laberintos otoñales
Orbitas henchidas de fe
Recibimos entre fulgores
Con resignación nuestra vejez.

ALEXANDRA GOODWIN

LUNA AZUL

La luna me mostró su cara
Deslizándose entre las nubes
Es como si me sonriera
De tan fuerte que brillaba.

La luna se adornó con lunares
Pozos llenos de suspiros
Madejas de sueños astrales
En mil mares de zafiro.

Es esta hermosa luna
A quien cantan los poetas
La agasajan con su pluma
Como cola de cometas.

INMIGRANTE, O A MI BISABUELA ALEJANDRINA

Qué huellas habrás dejado
En tu camino del puerto al barco,
El que cruzando el Atlántico
Al puerto argentino te arrojó.

Con el tiempo te integraste,
Como un árbol te afianzaste,
Y en tu nueva tierra afirmaste
La raíz del porvenir.

Formaste una familia,
Diez hijos criaste,
Amaste, viviste, lloraste
Pero tu pasado nunca olvidaste.

Cuatro generaciones fundaste
Y en las orillas de un nuevo siglo
Entre palmeras tropicales
Beso el sueño que en tu vida no alcanzaste.

SONETO INSPIRADO POR JUAN RAMÓN JIMÉNEZ

Derrite el sol a la mañana incipiente,
Las brisas secas con voz ronca acarician
Frondosas copas de árboles que inician
El fruto y flor de su semilla.

Durmió el jardín en el invierno,
Guardó en capullos los jazmines.
Florecen como leche sublime
Regalando hebras de dulce aliento.

Vuelan cinco golondrinas
Sus alas abrazan al viento
Atraviesan las colinas.

Cantan con su voz prístina
Bordan de perlas el concierto
Cruzan cielo, nube, y viento.

CARDENALES

Se deslizan lentas tardes
Vestidas de sol,
Lucen calor,
Abejas en flor
Transpiran las hojas,
Y canta el ruiseñor,
Celebra de la vida
Su dulce expresión
Con su plumaje
De fuego y sol.

CONSEJO

Cuando la rotonda
Da vueltas
Como los problemas
En tu cabeza,
Cuando el círculo
Se cierra como
Un caracol,
Cuando no veas
El final del túnel
Ni escuches lo que
Quieres,
Aprende a frenar
Tu movimiento,
Quédate centrado
Inmóvil, callado,
Y deja que el caos
Siga girando a tu alrededor.
En algún momento
Dejará de dar vueltas
Y el tumulto se volverá
Un santuario para vos.

POR QUÉ ESCRIBO VERSOS

Sin saber por qué
Escribo estos versos,
Hermanos del Universo
Me acompañan en el
Trayecto de esta vida.
Poemas son las guaridas
Donde las heridas dejan
Plasmadas sus huellas.
En el río de nuestra existencia,
Fluye el canto
De nuestra tristeza,
Hasta caer en el llanto
De la cascada
Y queda olvidado
En el pozo de la miseria.
Callará algún día la tristeza
Porque nada dura en esta vida,
Ni siquiera las penas.

CUMPLEAÑOS

Hace mil años hoy
Nací,
Visitando vida
De destierros empolvados,
Recorriendo otoños, delineando
Cuentos, recogiendo milagros,
Cosechando recelos.
Pero hoy me acompañan
En esta vida, todos los
Que una vez me quisieron,
Y que de pronto volvieron
A compartir con alegría
La magia de nuevos momentos.

ESPERA Y VERÁS

Cuando mi llanto muera
En el invierno del estío

Y mis pasos desnudos
Bailen en el baldío

Cuando mi voz retumbe
En los ecos rosados de planetas

Cantarás,

Feliz
De haberme conocido.

DESPUÉS DE LA LLUVIA

Después de la lluvia
Respira el corazón del roble
Renacen los susurros entre
Brisas de verde aliento.

Después de la lluvia
Huele el jardín a esmeraldas
Cantan los jilgueros
Concierto de pluma y hadas.

Después de la lluvia
Salen de los troncos
Lagartijas de cuero con
Gargantas de fuego.

Después de la lluvia
Pide el sol permiso
Para volver a brillar,
Y arranca del aire fresco
Los vestigios de un millar
    De gotas suspendidas
        En la punta
            De un
                Rosal.

ALEXANDRA GOODWIN

A MI PERRITA

Hurgando los pasillos del silencio
Camina, perdida sin rumbo
Huele mi voz, así se guía
Deambulando en la noche vacía,
Llena de preguntas su desasosiego
Se hunde en el abismo de su aislamiento.
Cuando el mundo regala bullicio
La levanto en mis brazos, besando su pelo blanco
Sus ojos destilan miedo. Otra vez desorientada, pienso,
Mientras las caricias de mis dedos
Le devuelven el conocimiento.
Suspira aliviada, reconociendo el terreno.
Menea la cola alegre, pensando que fue un mal sueño.
Me devuelve gratitud
Por darle lo que durará un momento
Antes de sumirse de nuevo
En el exilio senil de la noche.

MATERNIDAD

Ella sabe cantarle
A su ayer,
Enfrenta valiente
Con todo su ser
Los huecos de llanto.
Rellena sin odio,
Olvida lo obvio,
Perdona y bendice
Con perlas de amor.

A MI TIERRA

Quién te olvida
Suelo lejano
Puentes de vientos
Intrépidos y nublados
No puedo volver
Y tu calor sentir
Solo en mis recuerdos
Vuelvo a tu lado.

DÍA DEL PERDÓN

HOY ES UN DÍA SANTO,
RECOGIDOS PEDIMOS PERDÓN
AL CIELO.
PERDÓN. ¿UNA PALABRA?
UN SENTIMIENTO...
UN ESTADO DE ÁNIMO,
UN PUERTO, UN ASIDERO.

UN PUENTE ELUSIVO QUE
LLEVA DEL RENCOR A
LA PAZ. DE ESPÍRITU.
DE ALMA.

UN CONCEPTO TAN NUEVO
COMO VIEJO, Y SIN EMBARGO,
TAN DIFÍCIL DE RECIBIR
Y TAMBIÉN DE DAR.

POR ESO HOY PIDO
MUY HUMILDEMENTE,
UN PEDACITO DEL PUENTE
QUE LLEVA DEL RENCOR
A LA PAZ.

A MI AMOR

Yo te vi llegar
Desde el lejano azul
Del horizonte
Montado en caballo
Blanco, tu espada de amor
En tu mano.

Yo te vi llegar
Luminoso como aurora boreal
Incierto pero seguro
Ilusorio pero real.

Yo te vi así, en los
Ojos de mis plegarias.
"Dame un hombre bueno
Que mis lágrimas sepa secar."

Y es por eso que al mirar
Aquella línea entre cielo y mar
Encuentro el paraíso
De donde supiste llegar.

ATRAPADA

Hoy vi una mariposa
Atrapada en las garras pegajosas
De una astuta telaraña.

Sus bracitos anaranjados
Pintados de negro y blanco
Aleteaban incansables
A medida que se enredaban.

Traté de encontrar el puente
Entre una hoja y otra
Pero a mis ojos, invisible era
Aunque no a mi piel.

Con ciegos manotazos
Conseguí deshacer la trampa
Donde la mariposa atrapada
Ya casi no aleteaba.

De esto aprendí asombrada
Una hermosa lección:

Cuando te sientas acorralada
Quédate quieta y piensa
En tu mejor escape
Porque cuanto más luches
Por tu rescate, más te
Adentrarás en lo que te aprisiona.

OTRA VEZ, LLUVIA

Y así va garuando
Gotita a gotita
Pedazos de estaño
Que caen del cielo.

Como sal líquida
Salpican y se posan
Ya en las verdes hojas,
Ya en mi piel marchita.

¡Qué bellas las perlas
Que caen del cielo!
¡Qué limpias sus lenguas,
Sus frescas caricias!

Así transcurre la tarde
Entre gota, viento y brisa
Ofreciendo al mundo la sonrisa
Y apagando la sed que arde.

VER NACER EL DÍA

Ver nacer el día
Es como hilvanar collares
Cada segundo una perla
Que baña de luz los mares.

Ver nacer el día
Es como salir de un pozo
Sumergidos en los sueños
La noche vestida de gozo.

Ver nacer el día
Es como mirar al horizonte,
Y vislumbrar en la lejanía
El fulgor detrás del monte.

Ver nacer el día
Es un privilegio
Un pesar para el necio
Y para el de alma puro
Un regalo sin precio.

SOBRE LA AUTORA

Alexandra Goodwin nació en Buenos Aires, Argentina, y después de una breve estadía en Israel, se radicó en Estados Unidos a los 22 años. Al hacerse ciudadana se identificó por completo con la sociedad americana y cambió su nombre Alejandra por el anglo equivalente de Alexandra. Goodwin es su apellido de casada.

Alexandra Goodwin escribe en inglés y español, y es la autora del libro de poesías en inglés titulado Whispers of the Soul, un libro de poemas ilustrado con fotografías tomadas por la autora que sirvieron como punto de inspiración para muchos de los poemas. Varios de los poemas publicados en ese libro han sido premiados en diferentes concursos. En 2015, publicó Exchange at the Border, su primera novela en inglés, la cual fue finalista en el concurso de CIPA EVVY Awards de Colorado. En 2016, publicó un tercer libro, también en inglés, de Haiku con ilustraciones para colorear.

Alexandra Goodwin pertenece al National League of American PEN Women, Boca Raton Branch, y sirve en el Directorio de la misma organización cumpliendo el papel de Secretaria y Co-chair de Letras.

Caleidoscopio es su primer poemario en español.

Para contactarse con la autora, vaya a www.alexandragoodwin.com

www.ingramcontent.com/pod-product-compliance
Lightning Source LLC
Chambersburg PA
CBHW061641040426
42446CB00010B/1521